LA TRANSITION POST-CAPITALISTE

Dans la même collection :

1 - Dominique Temple, *Commun et Réciprocité*

2 - Mireille Chabal, *Réciprocité et Tiers inclus*

3 - Dominique Temple, *Les deux Paroles*

4 - Dominique Temple, *Monnaie de renommée et Réciprocité*

5 - B. Melià & D. Temple, *La réciprocité négative. Les Tupinamba*

6 - Dominique Temple, *Lévistraussique. La réciprocité et l'origine du sens*

7 - Dominique Temple, *La réciprocité de vengeance*

8 - Dominique Temple, *Marx aujourd'hui*

9 - Dominique Temple, *Le contradictoire. Principe structural des Nuer*

10 - Dominique Temple, *"Un nouveau postulat pour la philosophie"*

11 - Dominique Temple, *Frédéric Lordon, Marx et Spinoza*

12 - Dominique Temple, *Le Quiproquo Historique*

13 - Dominique Temple, *L'économie politique I - L'économie humaine*

14 - Dominique Temple, *L'économie politique II - Apologie du marché*

15 - Dominique Temple, *L'économie politique III - La transition post-capitaliste*

DOMINIQUE TEMPLE

L'ÉCONOMIE POLITIQUE

III

LA TRANSITION POST-CAPITALISTE

Collection *réciprocité*

N° 15

CC BY NC ND, 2018, Collection *réciprocité*

ISBN 979-10-97505-14-1

SOMMAIRE

Le Tiers et la réciprocité   p. 9

Origine de la valeur économique   p. 12

L'économie sociale   p. 13

La critique révolutionnaire   p. 18

La confusion des structures   p. 21

La Transition   p. 26

Un programme transitionnel :

   1) La démocratie directe   p. 31

   2) La propriété universelle   p. 33

   3) L'allocation universelle   p. 35

   4) Le droit à la réciprocité   p. 40

   5) L'imminence de la société post-capitaliste   p. 42

LE TIERS ET LA RÉCIPROCITÉ

Toutes les sociétés ont dès leur origine reconnu deux principes de la vie commune : la réciprocité et l'échange. L'échange permet de remplacer un bien par un autre ; la réciprocité, de recevoir en même temps que l'on donne, mais, de façon plus précise, de subir d'autrui la même action que l'on exerce à son endroit. L'échange est mû par l'intérêt des protagonistes ; la réciprocité par une raison éthique. La réciprocité est en effet la matrice d'un sentiment d'humanité qui s'impose à tous et qui s'exprime par la Loi.

Le *principe de réciprocité* est immédiatement appliqué dans les relations de parenté : l'alliance matrimoniale et la filiation. L'échange est sans doute tout aussi originaire que la réciprocité, mais il fut partout soumis à la Loi et donc inféodé à la réciprocité, jusqu'au XVIIIᵉ siècle où il l'a emporté grâce à la *raison*. Du coup, mettre en cause le libre-échange, c'est comme un crime de lèse majesté vis-à-vis de la *raison*. Personne n'ose le questionner parce que nul ne veut perdre les avantages de la science dont il se porte garant, et surtout parce qu'il a libéré la conscience de toute sujétion vis-à-vis de la Loi.

La première leçon d'économie politique que l'on doit à Aristote[1] fait état de la contradiction de la réciprocité et de l'échange. Lorsque plusieurs communautés, filles d'une communauté mère, se séparent, elles échangent leurs biens en respectant les équivalences issues de leur *partage* dans la communauté d'origine. Puis les activités des communautés se différencient, les productions se spécialisent et le *principe de réciprocité* leur impose d'être complémentaires en fonction des besoins des uns et des autres.

Sur la place du *marché de réciprocité*[2], la vente et l'achat relient les producteurs entre eux directement. Comme les producteurs ne peuvent être à la fois sur le lieu de la production et sur la place du marché, leurs relations sont relayées par des intermédiaires qui tiennent les productions de chacun à la disposition des autres selon les équivalences fixées par les normes de réciprocité. Et ces intermédiaires "échangent" les biens entre eux pour faciliter ces relations. Le marché devient donc plus fluide grâce à cette nouvelle prestation – l'échange – distincte des relations directes de réciprocité entre producteurs. L'échange est donc d'abord utile pour faciliter les relations de réciprocité.

Cependant, les commerçants qui servent d'intermédiaires entre des communautés très éloignées les unes des autres (séparées par la mer ou le désert) peuvent ordonner l'échange davantage à leur intérêt qu'à la satisfaction des citoyens en spéculant sur les différences d'équivalence qui existent entre les communautés. Désormais, toute production est donc capable d'avoir deux

---

1. Aristote, Les *Politiques*.
2. Cf. D. Temple, *L'économie politique II - Apologie du marché* (2014), Collection *réciprocité*, n° 14, 2018.

fonctions, l'usage et l'échange, explique le Philosophe, mais l'échange ne crée pas de *valeur* en dépit du fait que les commerçants se l'imaginent parce qu'ils voient leur capital augmenter (la *chrématistique*) à partir de leurs spéculations. Dès lors, la monnaie n'est plus le symbole des prestations des uns vis-à-vis des autres mais l'équivalent de marchandises dont l'utilité est mesurée par le profit, et comme celui-ci peut s'accumuler indéfiniment, certains, dit Aristote, s'imaginent que la *valeur* provient de l'échange.

La monnaie tient un autre rôle que celui de représenter une égalité entre *valeurs d'usage*, elle exprime une identité des prix déterminés par le rapport de force entre protagonistes qui cherchent à s'attribuer le plus de *valeur d'échange* possible ; un rapport de force entre les marchandises en fonction de leur utilité dans la production du *capital*. L'accumulation de la valeur d'échange signifie un pouvoir économique rival de celui de la communauté politique, un pouvoir de domination des uns sur les autres en lieu et place du pouvoir de servir la communauté.

Il existe donc deux formes de l'échange : l'échange soumis à la réciprocité et aux besoins de la communauté – que l'on appellera *échange de réciprocité* – , et l'échange déterminé par l'intérêt privé affranchi de toute obligation vis-à-vis de la communauté : le *libre-échange*.

La privatisation de la propriété permit la confiscation des moyens de production par les uns au détriment des autres, et cette confiscation conduisit à l'expropriation par les uns du travail des autres. Dès lors, le mode de production capitaliste s'est opposé aux modes de production régis par le principe de réciprocité.

ORIGINE DE LA VALEUR ÉCONOMIQUE

Mais comment articuler la valeur économique sur la valeur éthique ? C'est encore à Aristote que doit être attribuée la solution de cette difficulté. Rappelons que le Philosophe situe le sentiment éthique dans la *médiété* entre deux contraires. Cependant, cette *médiété* n'est pas quantifiable, et par conséquent il est impossible de donner une représentation définie d'aucune valeur, sauf toutefois pour l'une d'entre elles. Comme les autres sentiments éthiques, dit-il, le sentiment de *justice* est un sentiment personnel, subjectif et absolu, entre l'inégalité par excès et l'inégalité par défaut, mais qui est obtenu par *l'égalité* vis-à-vis d'autrui. Or, pour ce qui concerne les biens nécessaires à l'existence, c'est dans les choses mêmes que se traduit *l'égalité*. La valeur économique peut donc être quantifiée. La valeur de justice se traduit dans l'*équivalent de réciprocité*, et le passage de la valeur éthique à la valeur économique est assuré par sa représentation dans la monnaie.

Qu'est-ce qui donne sa valeur aux choses ? L'appropriation des hommes du produit de leur travail qui satisfait au principe de réciprocité. On entend par travail l'*œuvre,* la réalisation d'une activité dans laquelle chacun veut exceller, mettre le meilleur de lui-même. Puisqu'il s'agit là d'un objectif éthique, cela revient à rendre la valeur incomparable et incommensurable, sauf à égaliser le travail de l'artisan par le travail d'un autre artisan, c'est-à-dire par l'équivalence d'un statut et d'un autre statut.

L'ÉCONOMIE SOCIALE

La réciprocité positive – réciprocité de bienveillance – est aujourd'hui au cœur de l'économie sociale dont les sources furent :

– l'entreprise *individuelle et familiale*, pour autant qu'elle accomplissait une fonction complémentaire des autres entreprises de la communauté ;

– l'entreprise *collective* sous l'autorité des propriétaires, des ouvriers et de la communauté ;

– l'entreprise *sociale* communale, régionale ou nationale...

Or, avec le système capitaliste, s'est développé un autre type d'entreprise avec le concours des propriétaires du capital, des entrepreneurs et des ouvriers, tous sous l'autorité des seuls *propriétaires*.

Pourquoi donc l'entreprise est-elle aujourd'hui seulement de type capitaliste ? Pourquoi les citoyens qui condamnent le système capitaliste ne réussissent-ils pas à lui opposer une entreprise communautaire qui lui tienne tête ? Pourquoi les hommes animés par un sentiment éthique de justice, de responsabilité, doivent-ils abandonner tout espoir d'organiser des rapports de production qui assureraient à chacun le plein emploi de ses capacités pour le bonheur de tous ?

Le respect, la solidarité, la justice, la générosité conduisent l'économie de réciprocité à prendre en compte différentes charges sociales dont l'entreprise capitaliste entend faire l'économie puisqu'elle n'est mue que par le seul profit. Toute entreprise qui souscrit à des obligations éthiques ne peut alors espérer défier l'entreprise capitaliste sur le plan de la rentabilité.

Et ce n'est pas tout. Les entreprises sociales des secteurs dits *informel, souterrain, parallèle, marginal, interstitiel, subalterne, altruiste, utopique, positif,* etc., bien qu'elles contestent que le profit soit le seul critère du développement humain, ne se réfèrent qu'à l'économie pré-capitaliste parce qu'elles ne remettent pas en cause la propriété privée. En réalité, l'économie sociale ignore ce dont nous avons parlé : la réciprocité anthropologique comme la matrice des valeurs humaines.

La principale cause de l'échec des entreprises anti-capitalistes est d'imaginer qu'elles peuvent se soutenir de la seule bonne volonté des uns et des autres, de leurs références à des valeurs constituées (laïques ou religieuses) au lieu d'instituer les matrices des valeurs éthiques, notamment celles de la responsabilité et de la justice.

De telles matrices sont, il est vrai, contraignantes, et se heurtent à l'habitude prise dans le système de libre-échange d'agir selon son désir ou sa fantaisie comme si la possibilité de tout faire était la preuve de la liberté, alors que l'arbitraire soumet la liberté à des causes le plus souvent élémentaires et dans la plupart des cas à un égoïsme foncier. Pourtant, si l'économie sociale fait l'impasse sur la reconnaissance de la réciprocité comme matrice de sentiments éthiques, le management capitaliste, lui, ne s'interdit pas de l'apprécier. Il a découvert le premier la pertinence de la réciprocité, et il s'en sert avec efficacité. Mais, plus fondamentalement, le détournement de la réciprocité comme fonction productive du capital par l'idéologie libérale explique la corruption. Du délit d'initié à l'adjudication illicite de travaux ou de crédits, ces pratiques servent de multiplicateur à la concurrence pour le profit. L'exploitation des ressources de la conscience affective et de l'éthique au sein de l'entreprise devient un moteur décisif de sa rentabilité. Paradoxale aujourd'hui est la façon dont la production de la valeur éthique est invoquée. La *réciprocité positive inégale* est en effet utilisée pour créer des sentiments d'allégeance, de soumission voire de filiation à l'intérieur et entre groupes apparentés par leurs intérêts communs au bénéfice de la performance du capital investi, que ce soit au service ou au détriment du bien commun.

Imaginons que l'économie sociale prenne en compte la théorie de la réciprocité. Aussitôt ses débats ne porteraient plus sur les intérêts des uns et des autres mais sur le champ d'application (la territorialité) des diverses structures de réciprocité et leurs interfaces, ou encore sur l'articulation de chacune d'elles sur les autres. Elle définirait ainsi : l'enseignement par la relation de réciprocité ternaire unilatérale, la protection sociale comme réciprocité de partage, elle en déduirait la gratuité des moyens indispensables pour la vie, la couverture médicale universelle, le revenu minimum inconditionnel, elle exigerait le partage des ressources et des biens produits par la nature, elle rendrait la propriété des moyens de production à la communauté et la protégerait de toute tentative de privatisation en la déclarant inaliénable, elle penserait le marché comme la relation généralisée de réciprocité entre producteurs-consommateurs, ce qui n'exclurait pas l'échange ni l'accumulation du capital de redistribution ou d'investissement mais la spéculation ! Dans tous les cas, la nature éthique de la valeur créée par la structure de réciprocité envisagée serait la raison majeure de ses choix. Et

15

le débat politique à tous les niveaux de l'État trouverait un sens autre que celui du pouvoir de domination des uns sur les autres !

L'État dans la société capitaliste, selon Marx, est l'instrument qu'utilise la bourgeoisie pour exercer son pouvoir sur les classes exploitées. Lors de la Révolution française, la bourgeoisie réserva le titre de citoyen à ceux qui pouvaient payer le cens, à elle-même donc. Elle mit la main sur l'État, imposa aussitôt la privatisation de la propriété comme la pierre d'angle de l'économie. L'État devint l'administrateur de l'économie capitaliste, son contrôle l'enjeu des possédants, et d'une "foire d'empoigne" comme le dit quelque part Michel Foucault.

Les Communistes de leur côté ont choisi de supprimer la propriété privée et de la remplacer par la propriété collective, et de même le libre-échange par la distribution planifiée. On ne peut pas dire que la propriété ait été nulle part rendue aux citoyens.

Mais le libre-échange s'est imposé. Pourquoi ? L'économie de libre-échange offre aux hommes l'opportunité de s'affranchir de toute sujétion à des valeurs imposées, sans pour autant leur interdire de se référer aux valeurs de leur choix. Le libre-échange s'est emparé du marché tout en respectant les structures de réciprocité hors du marché, notamment religieuses. À partir de points de vue extérieurs aux conditions objectives de l'économie capitaliste, il est donc possible de préserver une morale selon son idéologie, sa foi ou sa tradition. Le libre-échange fait alors illusion.

Cependant, le développement des forces productives s'accélère aujourd'hui de façon si rapide que la relation du pouvoir politique et de l'économie capitaliste est de plus en plus difficile. Tout devient compliqué car les droits hérités du système de valeurs traditionnel encore en vigueur dans le champ politique sont aux prises avec un pouvoir économique qui les considère comme des obstacles et ne cesse de les détériorer, de les contourner ou encore de les domestiquer et de les utiliser à ses propres fins.

La société dispose cependant des moyens de construire l'au-delà du système capitaliste. Mais pour construire cet avenir, la *propriété*, le *travail*, la *production*, le *marché*, la *consommation*... ne doivent pas s'apprécier seulement par des valeurs issues de la tradition et de l'expérience, car les propositions empiriques se brisent chaque fois qu'elles se heurtent à la rationalité de l'économie capitaliste comme pot de terre contre pot de fer.

LA CRITIQUE RÉVOLUTIONNAIRE

On pourrait expliquer la supériorité du libre-échange parce que les hommes sont confiants, avons-nous dit, dans la raison, et dans la logique qu'utilise celle-ci. Cependant, *l'individualisme,* que l'on ne confondra pas avec *l'individuation du sujet,* n'est que l'actualisation ultime de la différenciation biologique. Mais est-il légitime de confiner le développement de l'esprit à celui de l'individu, et de restreindre la représentation de la valeur à celle de la force physique par laquelle le vivant prend connaissance du monde qui lui est extérieur ?

Nous savons que ce qui obéit à cette représentation du monde, et à sa logique, légitime que les acteurs de l'économie dite aujourd'hui "naturelle", de la libre-entreprise, du libre-échange, de la libre concurrence, se représentent leurs relations comme rapports de forces, l'échange comme égalité de forces, et leur idéal comme domination de la nature. Certes, la physique classique confirme la validité matérielle et pas seulement formelle de cette logique puisque la part du monde dont elle rend compte semble lui obéir de façon parfaite. Ce jugement doit pourtant être suspendu car, depuis l'avènement de la physique quantique, la physique classique n'est plus validée que pour une part des choses[3]. Et lorsque la raison est

---

3. La logique d'identité, relativisée à partir d'un certain niveau de précision par la physique quantique, demeure un cas particulier d'une logique plus générale : la *logique dynamique du contradictoire,* découverte

enchaînée par cette logique à cette représentation du monde, elle est contrainte d'ignorer ce qui se revendique de la *médiété*. Et elle est impuissante à soutenir la genèse de l'éthique.

La critique révolutionnaire a tenté de surmonter cette difficulté avec l'idée de "contradiction dialectique" et de "critique de la critique." Promue par la négation de façon systématique, elle a conduit à la "révolution permanente" dont on a cru qu'elle détruirait non seulement le capitalisme mais aussi le totalitarisme érigé au nom du socialisme ; mais elle se révéla pure violence, détruisant tout effort de pensée avant même que celle-ci n'ait produit quoi que ce soit. L'abandon de cette dialectique laissa le champ libre à l'alternative, l'économie sans limite de l'innovation au service du capital.

Le système capitaliste doit cependant empêcher les hommes de reconnaître qu'un autre moteur que la différenciation biologique puisse motiver leurs investissements. Il est contraint de combler le vide des valeurs éthiques par une consommation qui satisfait leurs imaginaires et leurs passions. Le moteur de l'économie reste ainsi le profit, et son but le pouvoir de domination.

La critique a suggéré de retourner à la démocratie des communautés de base (la démocratie directe, la réciprocité collective) à l'image du Conseil ouvrier ou de la Commune. Mais elle n'a pas réussi à se libérer de la logique de la conception du pouvoir en termes de force. Pourtant, la force doit être surmontée par la raison : un programme qui signifie

---

par Stéphane Lupasco (1900-1988). Cf. D. Temple, « Le Principe d'antagonisme de Stéphane Lupasco », in *Bulletin Interactif du Centre International de Recherches et Études Transdisciplinaires*, CIRET, n° 13, 1998 ; en ligne sur le site de l'auteur.

d'être conscient des matrices de chacune des valeurs humaines fondamentales comme sentiment éthique spécifique de la structure qui l'engendre, le respect par exemple pour la réciprocité symétrique, ou la bonté pour la réciprocité positive…

Il est donc de la responsabilité de l'anthropologie économique de révéler quelles sont les structures sociales de base qui offrent aux hommes leurs valeurs ; et de la responsabilité de la philosophie politique d'instaurer les institutions et les Constitutions grâce auxquelles ces structures ne pourront se contredire ou se faire injure.

L'État, dans les démocraties, protège de sa tutelle plusieurs structures de réciprocité de façon empirique, mais l'on aurait tout intérêt à ce qu'il les reconnaisse de façon rationnelle pour que leur territorialité soit clairement définie et leurs interfaces précisées.

LA CONFUSION DES STRUCTURES

Nous ne dresserons pas un catalogue des institutions obéissant au principe de réciprocité mais stigmatiserons la méconnaissance qui prévaut à leur sujet, en France, par quelques exemples :

L'éducation répond à la réciprocité ternaire simple (dont le modèle anthropologique est la filiation). Les enseignants transmettent aux étudiants un savoir qu'ils ont reçu de leurs maîtres. Ils perçoivent un équivalent de réciprocité indépendant de la qualité de leur travail, qui, elle, relève de façon exclusive de leur responsabilité. Et c'est de manière quasi infaillible qu'ils assument cette responsabilité en donnant le meilleur d'eux-mêmes. Pourquoi le meilleur ? Parce que chaque enseignant s'attache à donner plus qu'il n'a reçu pour accroître son propre sentiment d'être humain. Sa responsabilité se confond avec sa dignité. La *responsabilité* est en effet plus qu'un commandement éthique, elle est le sujet engendré par la structure de réciprocité ternaire[4].

---

4. La réciprocité ternaire établit la conjonction de la conscience d'agir et de subir d'où résulte un sentiment commun qui ne trouve pas, comme dans la réciprocité binaire, un visage pour en témoigner. Chaque partenaire de la réciprocité ternaire doit pouvoir rendre compte à lui seul du sentiment commun : *l'individuation du sujet*. L'individuation du sujet est ainsi le sentiment qui répond pour autrui de sa contribution à la réciprocité, c'est-à-dire le sentiment de *responsabilité*. Cf. D. Temple, « Naissance de la responsabilité » (1996), en ligne sur le site de l'auteur.

21

Cette matrice peut cependant être faussée dès lors que l'État monnaye le travail de l'enseignant à l'heure. Le symbole des heures supplémentaires (revendication majeure des syndicats d'enseignants) est le signe de l'aliénation de la réciprocité dans l'échange, et d'un rapport de force selon les critères de l'idéologie libérale. C'est en effet une quantité de force de travail qui est fixée en valeur d'échange dans une heure de travail. Dès lors chacun peut aussi compter ses heures au moindre coût alors que le travail, lorsqu'il est à la discrétion de l'enseignant, ne se compte pas. Cet exemple montre la méconnaissance de la réciprocité ternaire comme la matrice de la responsabilité.

Cependant, ce genre de détournement n'est pas toujours consécutif à l'emprise de l'idéologie de l'intérêt (privé ou corporatiste), il peut être la conséquence d'une simple confusion entre les structures de réciprocité :

La protection sociale est par excellence le domaine de la réciprocité collective car tout le monde participe au capital et tout le monde reçoit en fonction de ses besoins. Elle est cependant l'occasion d'un débat récurrent : les mutuelles permettent aux riches de disposer d'un complément de protection en fonction de cotisations supplémentaires dans une caisse spéciale. Cette cotisation peut être interprétée comme celle d'une corporation ou d'une classe en fonction de son intérêt ou comme une contribution supplémentaire qui garantit une couverture plus large à ceux-là seuls qui veulent se prémunir contre des risques que d'autres ne souhaitent pas prendre en compte. On ne jugera pas ici. Mais, en sens inverse, la "couverture maladie universelle" prend en charge l'indigence des plus démunis sans solliciter aucune participation de leur part. Quoi qu'il en soit, la protection sociale crée entre les uns et les autres un

22

sentiment de sollicitude sans visage que l'on qualifie de *solidarité*.

La santé publique, la sécurité sociale et les allocations sont les principaux titres de la protection sociale. Parmi celles-ci, les allocations familiales ont fait récemment en France l'objet d'un débat contradictoire. Le principe de ces allocations familiales est d'assurer aux enfants une marge de sécurité quels que soient les revenus de leurs parents. Mais à quels enfants ? Évidemment à tous les enfants, car une discrimination romprait l'unité de la structure de réciprocité collective. Quelle est la structure de réciprocité en question ? C'est le *partage*. La réciprocité entre les parents est une réciprocité directe et collective. L'État n'intervient que d'un point de vue technique pour assurer la redistribution entre tous de façon égale. Mais si l'on interprète cette redistribution en termes d'échanges, se présentent deux autres options : ou bien la redistribution est proportionnelle à la cotisation, et les enfants de ceux qui ont donné beaucoup doivent recevoir beaucoup, justice de classe. Ou bien la Caisse d'allocations familiales redistribue moins aux riches qu'aux enfants dont les parents sont en difficulté financière, et c'est la revanche des classes défavorisées, en termes de profit bien entendu, justice de classe par conséquent comme précédemment. Dans les deux cas, la valeur née de la réciprocité de partage n'existe plus[5].

Autre exemple : dans sa directive aux agriculteurs, de 1998, la Mutuelle Sociale Agricole résumait la législation en vigueur en France par l'interdiction de l'*entraide*. Le

---

5. En France, en 1997, une loi socialiste (la loi Aubry) réserva les allocations familiales aux enfants des classes défavorisées. La loi fut heureusement abrogée par le même gouvernement qui l'avait votée !

législateur de cette époque voulait remplacer la réciprocité binaire simple, le face-à-face qui produit la *philia* (l'amitié) par une autre. Pourquoi ? Il ne le dit pas. Craignait-il que l'amitié nourrisse des circuits courts de réciprocité qui fassent injure à la réciprocité centralisée ? Interprétait-il *l'entraide* selon le schéma dominant du libre-échange comme du travail dissimulé, du "travail au noir" ?

Extrait :

« Les retraités peuvent-ils travailler ?

– Oui, mais à certaines conditions.

– Sur leur ancienne exploitation ?

– Non, la notion de "coup de main" n'est pas retenue en droit par le juge.

– Sur une autre exploitation ?

– Oui, mais la possibilité d'entraide disparaît. Ils doivent donc être déclarés comme salariés.

– Qu'en est-il de l'"entraide familiale" ?

– Selon les textes en vigueur elle est impossible sauf entre conjoints[6]. »

Mais peu importe la justification. Le législateur ne reconnaît pas la territorialité de chacune de ces structures de réciprocité ou ne maîtrise pas leur interface ! Sinon, il eut respecté *l'entraide*, que ce soit entre ouvriers ou entre paysans, car elle est la matrice d'une valeur exceptionnelle : *l'amitié*. L'interdire est insensé car chacun est aussitôt dans l'obligation de traiter l'autre dans l'indifférence de l'égoïsme.

Aujourd'hui, preuve que le débat fait évoluer les choses, *l'entraide* a reçu un autre statut :

---

6. Cf. La Mutuelle Sociale Agricole : « L'entraide en agriculture ».

« L'entraide implique un échange de services fondé sur :
– la gratuité : l'activité ne doit pas être rémunérée,
– la réciprocité : celui qui apporte son aide doit être en mesure de demander la même chose,
– l'équivalence : le bénéfice ne doit pas être à sens unique.

Par ailleurs, l'aide apportée ne doit pas correspondre à une activité ou à une fonction qui devrait être assurée de manière régulière par un salarié ou un non-salarié (ex : secrétariat, comptabilité, accueil de clientèle, etc.). À défaut, l'activité peut être requalifiée en contrat de travail ou d'entreprise[7]. »

L'*entraide* est donc désormais respectée comme réciprocité, et nettement distinguée de l'échange. La législation, avant d'être amendée, tout comme la discrimination entre enfants de riches et de pauvres, était dirigée contre l'*entraide*. Serait-ce qu'une structure de réciprocité pourrait être retournée contre une autre structure de réciprocité ? Créon contre Antigone ?

C'est bien sur les structures sociales de base que doit se porter la réflexion puisque les solutions des difficultés auxquelles conduit l'actuel système économique sont inhibées par la confusion sur les structures de réciprocité. Il ne s'agit pas de faire table rase du passé ni d'inventer un autre monde, ni même de le transformer en se fiant aux heureux dénouements d'initiatives aléatoires, mais de la clarification du sens des actions des uns et des autres en fonction des valeurs que la raison permet de construire.

---

7. Cf. site de la MSA, mis à jour le 24/05/2018.

LA TRANSITION

Comment faire ? Sans doute, nous l'avons dit, s'agit-il de principes, et par conséquent d'énoncer une *nouvelle Constitution*. La croissance, le progrès, le développement, ces substantifs ne peuvent plus signifier l'avenir comme du temps où, le monde paraissant infini, ils pouvaient accepter des contenus divers et, selon l'imaginaire de chacun, répondre aux transferts de tout le monde. La planète Terre est limitée et contraint à des choix.

La vie de l'esprit est désormais l'enjeu principal de l'économie politique et le *bien commun* qu'il s'agit de construire en priorité. Le but de l'économie n'est plus le *pouvoir* ; sa cause n'est plus la différenciation biologique, que traduisait la croissance du capital ou le profit, mais la *conscience* qui doit prendre au moins la mesure du pouvoir qui la défie. Mais alors comment ? Comment passer d'une économie dont on sait qu'elle conduit à l'impasse, sinon à l'abîme, à une économie dont l'avenir ne mette en péril ni la terre ni l'homme ? Quelle stratégie : transformation, mutation ?

La contestation écologique conduit à la *transformation*. Devant la réduction des ressources de la planète, elle préserve les océans, la forêt, les animaux et les conditions de la reproduction de la biosphère. Elle soustrait progressivement à l'emprise de l'exploitation capitaliste des territoires naturels. L'écologie politique étend même son domaine de compétence à la qualité de la vie sociale. Cela équivaut à poser des limites au champ du profit. Mais des limites relatives seulement puisqu'elles ne modifient pas la dynamique de l'exploitation. La pensée écologique doit donc se doubler d'une réflexion où la *limite* recevra une définition plus large et deviendra *absolue*.

Pourquoi cette limite absolue semble-t-elle encore hors de propos ? S'il n'existe qu'une seule économie de libre-échange, il est évident qu'elle condamne à l'arrêt de leurs activités les entreprises les plus performantes. Dans le système de libre-échange, il est impossible de juguler la croissance qu'impose la concurrence sans défier la loi organique du système. Par contre, s'il existe à côté de l'économie d'échange une économie de réciprocité séparée par une *interface,* cette interface est une limite absolue à l'extension du profit, mais qui est féconde parce qu'elle laisse à l'entreprise qui l'atteint le droit de poursuivre son activité dans le domaine de la réciprocité : le profit des actionnaires n'augmente plus, mais la réussite de l'entreprise continue de justifier la confiance, et par conséquent la poursuite des investissements de l'État. La finalité de l'investissement est modifiée, le bien public se substituant au bien privé. Autrement dit, l'entreprise capitaliste se convertit en entreprise communautaire quoique toujours sous la responsabilité de son chef d'entreprise. Rien ne prouve que les entrepreneurs ne seraient pas plus heureux de servir que de se servir, et de devenir humains plutôt que des brutes. Nombre de professions libérales choisiraient cette option : On ne devient pas chirurgien ou avocat pour défendre une classe de bourgeois ou de nobles ou les intérêts d'une secte. Les serments originaires de ces professions en font foi !

La *limite absolue au profit* permettrait de transformer l'investissement lucratif en investissement non-lucratif ; le pouvoir d'asservir en pouvoir de servir ; la propriété privée en propriété universelle ; l'entreprise individuelle en entreprise responsable ; la société anonyme en entreprise communautaire ; la concurrence en émulation ; le profit en prestige social. Cette substitution de paradigme ne limiterait pas l'investissement mais donnerait à la croissance une autre définition : la croissance du *bien commun*.

D'une manière plus générale, les biens premiers, les ressources, l'énergie nécessaires à la vie sont aujourd'hui frappés d'une imposition forfaitaire élevée à la base, qui devient dégressive au fur et à mesure que leur consommation augmente sous le prétexte de favoriser le développement industriel, en réalité le développement du capital. Cette logique paraissait judicieuse pour soutenir la croissance de la production. L'alternative du retour à la nature étant aujourd'hui impossible puisqu'il n'y a plus d'espace qui ne soit exploité, il est nécessaire de juguler cette croissance non seulement parce qu'elle est cause d'injustice sociale mais parce qu'elle est devenue une menace sur le genre humain, et, comme le disent certaines écoles d'avant-garde, il est urgent de procéder à sa *décroissance*[8].

La *décroissance* impose au moins que la consommation de base des biens premiers soit gratuite pour tous, et leur surconsommation grevée d'une imposition non pas forfaitaire mais proportionnelle. On peut donc imaginer un

---

8. Le capitalisme pouvait prétendre satisfaire au deuxième principe de John Rawls tant que rien ne s'opposait à la croissance indéfinie du capital et que les effets de sa croissance pouvaient donner l'illusion d'émanciper les pauvres autant que les riches. Ce n'est plus le cas. Aussi, l'indexation du profit sur la généralisation du bien commun devrait-elle assurer la croissance par la décroissance du système capitaliste.

passage progressif à la *limite absolue du profit* en indexant la progressivité des prélèvements obligatoires sur l'allocation universelle : moins l'allocation universelle serait élevée par rapport au revenu moyen et plus la pente de la progressivité de l'impôt serait forte...

La stratégie de la *mutation* suggère l'idée de sociétés parallèles. Partir de rien est cependant un saut dans l'inconnu étant donné le degré de complexité atteint par l'organisation de la société urbaine. Il n'empêche que le système capitaliste contraint les exclus à se ressourcer au principe originel de la société, et cela à partir de rien. Les exclus sont de plus en plus nombreux et forcés de s'organiser en société de réciprocité ne comptant que sur leurs propres forces et sans disposer d'aucun capital. Il arrive même qu'ils n'obtiennent même pas de plage où imaginer le *don du rien*[9], et finissent noyés sous les yeux des nantis. Or, il n'est pas nécessaire d'en venir aux extrêmes et de passer par les hécatombes d'une nouvelle guerre mondiale ou de celles qui aujourd'hui de l'Europe à l'Afrique forment une chaîne ininterrompue de crimes contre l'humanité, pour s'interroger sur la réciprocité ! Personne n'empêche personne de s'allier avec autrui pour fonder une entreprise communautaire. Mais nous avons vu que cette tentative échoue chaque fois qu'elle recourt aux valeurs éthiques constituées de façon empirique parce qu'elle se heurte à une logique caractérisée par l'exclusion de ces valeurs. La stratégie proposée ici est, nous l'avons vu, de faire intervenir la *raison* armée d'une logique qui respecte la genèse de la valeur. Et cela est possible : il s'agit donc d'en prendre conscience !

---

9. Cf. Jean Duvignaud, *Le don du rien, essai d'anthropologie de la fête,* Stock, Paris, 1977.

Le système capitaliste subordonnait jusqu'à présent l'information, l'éducation, l'enseignement, la recherche scientifique, la critique et même l'art, à la propriété privée. Qui maîtrisait l'information par la privatisation de la télévision et de la radio, du téléphone et du télégraphe… disposait du pouvoir. Karl Marx a prophétisé que la technique affranchira la société du travail pénible et libérera les forces révolutionnaires : les forces productives, en se développant, détruiront les rapports de production établis pour en susciter de nouveaux. Eh bien nous assistons à cet événement : l'informatique échappe aux mains du pouvoir ! Elle est devenue si complexe qu'elle échappe même à l'intérêt particulier de qui que ce soit : elle suscite dès lors de nouveaux rapports de production : lesquels ?

L'information, matière première de la pensée, est à la disposition de tous instantanément et sans limite. L'Internet constitue une mémoire universelle immatérielle et intemporelle ainsi que la sélection de ce qui est apprécié par tous. Il soutient une conscience de l'humanité qui se développe hors du contrôle des individus, et il offre à chacun de choisir entre la réciprocité généralisée et le libre-échange. Son accès n'est pas encore à la disposition de tout le monde, mais peu s'en faut. Par la participation libre et gratuite de tous à l'élaboration de la pensée et par l'accès à la pensée de tous les autres, tout aussi libre et gratuit, se crée la conscience universelle. Éveil et Mémoire de la conscience, la liberté de la pensée est définitive à moins de chaos universel.

UN PROGRAMME TRANSITIONNEL

1 / LA DÉMOCRATIE DIRECTE

La technologie moderne supprime les difficultés qui confinaient l'expérience de la démocratie directe aux petites communautés paysannes ou encore aux Conseils ouvriers, où le débat cessait d'être possible chaque fois que l'assemblée dépassait quelques centaines de personnes. La *démocratie directe* ne se soutenait que de relations de proximité. La communauté devait donc se dédoubler lorsqu'elle atteignait un certain seuil démographique. Le temps imparti à la transmission de l'information et l'altération du message par les aléas des circonstances rendaient difficiles la compréhension d'une situation donnée pour des communautés éloignées les unes des autres. Ces difficultés sont désormais éliminées par l'Internet parce qu'il distribue l'information simultanément sur toute la surface du globe, en temps réel, sans souffrir la moindre altération. Et tous les citoyens peuvent exprimer leur décision de façon quasi simultanée sur les questions qui leur importent ou qui sont décisives pour leur avenir. Ainsi, toutes les communautés du monde peuvent s'apercevoir qu'elles sont structurées par

31

l'entraide, la réciprocité, simple ou collective, le partage, aussi bien pour le travail des champs que pour la construction de l'habitat ou l'aménagement de l'espace collectif. Toutes peuvent prendre conscience qu'elles accèdent au marché par la réciprocité généralisée ; et la monnaie de réciprocité numérique n'est pas loin…

La réciprocité de l'information, à la base de la formation des concepts, n'est pas seule à être généralisée par l'Internet. Chacun retrouve la liberté de constituer avec autrui la relation de travail par laquelle il acquiert une citoyenneté puisque du point de vue de la formation de la valeur éthique son œuvre peut être appréciée comme équivalente à celle de tous les autres citoyens du monde. Chacun peut également adhérer à la multitude pour décider de la destinée de la planète à propos des grands enjeux, lié par la solidarité, et il peut aussi constituer des réseaux de réciprocité conformes aux labels de son choix… Ainsi, la *démocratie directe* par la voie de l'Internet peut remplacer la démocratie indirecte.

2/ LA PROPRIÉTÉ UNIVERSELLE

Tout le monde conviendra qu'une société incapable d'offrir à ses citoyens les conditions d'existence que lui offrait la nature (la *gratuité* des *biens premiers*) n'est pas digne d'être dite humaine. Ces biens, que l'on désigne de façon emblématique : l'air, l'eau, la terre, le feu sont les ressources nécessaires à la vie des hommes. Ils étaient jadis en quantité inépuisable. Ils sont désormais en quantité limitée, de plus en plus exploités au profit d'une part restreinte des hommes, y compris au sein des sociétés les plus riches. Il est donc impératif qu'ils soient retirés du champ de la propriété privée et restitués à tous (la *propriété universelle*) : les ressources que la nature assure à l'homme dès l'origine ne peuvent être que *partagées*.

En particulier, la *vie* ne peut être soustraite de la *propriété universelle*. La vie, en effet, est organisation, c'est-à-dire une différenciation qui s'effectue par rapport à ce qui précède, ce qui se traduit par une complexification de l'organisation, mais nul ne peut anticiper la forme que prendra cette complexification. Autrement dit, il n'est pas possible de prévoir et donc de s'approprier le résultat d'une différenciation biologique, qu'elle soit le fait de la nature ou celui de l'artifice, par exemple le résultat des mutations génétiques naturelles ou artificielles.

Le raisonnement qui vaut pour les biens premiers distribués par la nature à tous les êtres vivants vaut aussi pour les biens créés par le travail des hommes en société.

33

Une société qui ne permet pas à tous de bénéficier de ses propres inventions, n'est pas non plus digne d'être dite humaine. Les biens de la société, l'éducation, l'enseignement, l'information, la protection sociale... doivent être partagés. De la même façon, le travail doit être restitué à son propriétaire et ne plus pouvoir être exproprié comme s'il pouvait être séparé de son auteur et de sa fonction sociale.

3/ L'ALLOCATION UNIVERSELLE

Face à la *privatisation* qui conduit au travail forcé des plus démunis, le droit au travail et la liberté du travail exigent l'accès à ses moyens, c'est-à-dire une *propriété sociale minimum*. C'est l'objectif du *dividende universel*, de *l'allocation universelle* ou du *revenu inconditionnel*... Il s'agit de rendre à chacun les conditions d'autonomie qui lui permettent de refuser l'aliénation de sa puissance de travail dans des conditions inacceptables, et de disposer de ses compétences en toute liberté pour les mettre au service de la communauté[10].

Proposée lors de la Révolution française par Thomas Paine comme un *dû* de la société à ceux qui n'avaient plus accès aux conditions de la vie naturelle, l'allocation universelle est conçue aujourd'hui comme un dividende universel. Les nantis s'y opposent parce qu'ils craignent non sans raison qu'elle ne soit utilisée pour combattre leurs privilèges ! Tout change lorsque l'on envisage les choses du point de vue d'une économie post-capitaliste. Il n'est personne qui, recevant les moyens de faire valoir ses dons et ses compétences, ne désire naturellement les faire fructifier[11].

---

10. Cf. D. Temple, « L'Allocation universelle » (1998), mis en ligne sur le Portail web du *Revenu de base*, sous le titre « L'allocation universelle est un don nécessaire », le 4 avril 2013.

11. Cf. D. Temple, « Essai critique sur le Commun à partir de l'ouvrage de Pierre Dardot et Christian Laval : *Commun. Essai sur la révolution au XXIe siècle* », mis en ligne sur le Blog de Paul Jorion le 14/01/2017. Publié sous le titre *Commun et Réciprocité*, Collection *réciprocité*, n° 1, 2017.

L'allocation universelle dans une économie post-capitaliste doit alors être *sans condition* car elle est le préalable à ce que chacun puisse faire valoir ses dons. Seul le *do ut des* (je donne pour que tu donnes) permet à chacun d'investir librement ses compétences. Le *pouvoir de donner à son tour* est la raison du *droit à la réciprocité positive*, droit de participer aux relations de bienveillance qui fondent le sujet en tant qu'humain en chacun des membres de la société.

Le débat actuel sur l'allocation universelle et l'inaliénabilité de la propriété universelle oppose les arguments de ceux qui sont pourvus ou se sont pourvus de la propriété et de ceux qui en sont dépourvus ou qui en ont été dépourvus. Les arguments des uns et des autres reflètent trop leurs intérêts de classe pour que leur discussion entre dans le cadre de cette analyse. La question de fond me semble cependant demeurer indécise. Si l'on distribuait la propriété de façon égale en la partageant entre tous, la liberté individuelle n'empêcherait pas que les uns s'en servent pour le bien de tous, les autres seulement pour le leur. Or, aujourd'hui, la propriété ne peut se partager aussi aisément que jadis car elle n'est plus simplement l'appropriation de la nature, elle est celle de biens matériels et spirituels créés au sein d'une organisation de plus en plus sophistiquée des forces productives et des rapports de production. Il n'est pas possible en effet, dans la ligne de cette réflexion, d'ignorer que la liberté de l'homme, le premier des biens partagés, l'autorise à ne prendre en compte que son intérêt quand bien même celui-ci offense autrui. Le primat de l'égoïsme, aujourd'hui, est attesté au plus haut niveau et en des termes aussi radicaux que possible par la philosophie nord-américaine, et incarnée par la majorité des citoyens dans de nombreux pays démocratiques. Pourquoi ?

La question se retrouve avec la définition du travail. Les uns pensent le travail comme la vie et sanctifient l'esprit d'initiative. La vie est une organisation dynamique de la matière dans laquelle la fonction génératrice de formes nouvelles de l'existence (l'anabolisme) l'emporte sur la dépense d'énergie nécessaire à la transformation des formes anciennes en formes nouvelles (le catabolisme). Mais cette dépense est alors rapportée par les propriétaires des moyens de production et du capital à la force de travail des prolétaires, fussent-ils consentants ou intéressés par leur participation relative ou non au succès de l'entreprise, tandis que la vraie vie, celle qui définit l'humanité, est réservée à ceux qui se disent plus vivants que les autres et qui se nomment eux-mêmes les dominants, l'élite.

Par travail, les dominés sont obligés d'entendre la fonction productive de la vie décapitée de sa responsabilité. Ils ne sont pas à même de donner forme au futur de l'humanité, du moins dans sa définition la plus humaine. La participation de l'inventivité prolétaire à la croissance du capitalisme doit se satisfaire du plaisir que procure l'accomplissement de dons ou qualités particuliers dans la mesure où ils sont utiles à la croissance du capital, comme celui de l'architecte qui construit un pont ou un barrage passionné par la réponse qu'il peut apporter à un défi de la nature ; mais notre préoccupation, ici, est celle de la responsabilité politique de la cité pour l'humanité tout entière et non de passions particulières. Le dilemme de l'élite et de la démocratie au niveau de la conscience reste entier.

La question doit être reformulée : le travail se définit-il par la vie ? Se confond-il avec la vie ? Il ne fait pas de doute que si le travail est confondu avec la vie, cette définition selon la nature donne au libéralisme économique une assise indestructible. Le rapport de l'homme à la nature est appropriation, et cette appropriation est production qui devient propriété dès lors qu'elle peut être séparée de sa détermination biologique par la conscience, réfléchie et redoublée de façon efficace par la technologie, de sorte que bientôt la nature est remplacée par l'industrie. Marx consent à cette logique des choses, mais non sans observer que l'appropriation en question dépend aussi des relations des hommes entre eux, car c'est la nature de ces relations qui décide de l'apparition de leur conscience.

Dit autrement, aujourd'hui, l'humanité n'interagit plus avec la nature d'une façon aveugle. Elle a reconnu que la vie est une deuxième dynamique de l'univers. Et, enfin, elle se reconnaît elle-même comme une troisième dynamique capable de s'affranchir de la physique et de la biologie pour se constituer en liberté pure capable de s'auto-créer. Elle s'interroge sur les conditions de cette liberté parmi lesquelles la différenciation biologique, tout aussi prolifique et généreuse soit-elle des formes nouvelles de son existence, est seulement une de ses conditions nécessaires. La condition la plus fondamentale, Marx, après beaucoup d'autres depuis le commencement de la philosophie et de l'économie politique, l'a clairement reconnue comme la relation de réciprocité entre les hommes.

Cette reconnaissance oblige à reconsidérer la question du travail à l'origine de la division entre les riches et les pauvres, les maîtres et les esclaves. Le travail *humain*, dit Marx encore, est le travail *réciproque*[12]. Il précise qu'il est

---

12. Karl Marx, *Œuvres*, Bibliothèque de La Pléiade, 1968, vol. II *Économie et philosophie* (Manuscrits de 1844), 22. La production humaine, pp. 33-34.

donné ainsi dès son origine[13], mais que lorsqu'il est reconnu tel par la conscience, il devient le principe moteur de l'économie. C'est pourquoi nous citons Marx, car pour ses devanciers, les choses paraissaient naturelles, aller de soi, sans qu'il soit besoin de les justifier. Ce qui obligea Marx à cette réflexion, c'est que cette donnée trop évidente a été dénaturée par l'exploitation de l'homme par l'homme, d'où sa distinction du travail et de la force de travail, et sa dénonciation de l'expropriation du fruit du travail au prix de la force de travail, l'exploitation capitaliste.

Mais si l'on supprime l'exploitation de l'homme et que l'on respecte le travail de tous les producteurs, doit-on se contenter de confondre le travail, qui ne serait que vivant, et le travail vivant qui serait aussi pensant ; ou bien doit-on distinguer le travail vivant seulement inventif de valeurs d'usage nouvelles, moteur de la croissance et du progrès de la connaissance, et le travail pensant créateur de valeur éthique ?

Tout un chacun dépense de l'énergie pour vivre, ce qui le contraint souvent à l'aliénation de sa liberté et à supporter l'exploitation. Tout un chacun souhaite manifester ses dons et ses qualités particuliers comme être vivant, mais souhaite aussi créer ce qui est plus spécifiquement humain en participant aux structures de production des valeurs humaines.

---

13. *Ibid., Principes d'une critique de l'économie politique*, III. Formes précapitalistes de la production, pp. 312-359.

4/ Le droit à la réciprocité

Si la dignité de l'être humain résulte de la relation de réciprocité, le droit à la réciprocité se heurte en fait au droit bourgeois. La bourgeoisie veille depuis toujours à ce que le salarié ne soit pas en mesure de négocier les conditions de son travail. Elle imposa d'abord que toute la plus-value se convertisse en profit capitaliste. Après la crise de 1929 et la Seconde Guerre mondiale, elle consentit au prolétariat un bénéfice, mais à la condition que sa consommation contribue à la croissance du capital. Aujourd'hui, par la soumission de l'État au marché financier, elle s'assure que les initiatives de l'économie sociale ne jouissent d'aucune autonomie qui ne soit sous contrôle des intérêts du capital. La privatisation de la propriété conditionne toujours l'économie, et chaque crise se dénoue par le sacrifice du capital social au capital privé.

Néanmoins, le prolétariat a pu convertir une partie de ses rémunérations en prestations de réciprocité : les conventions collectives, le salaire minimum, la sécurité sociale, les allocations familiales, la retraite, la limite du temps de travail, les congés payés… Ces acquis doivent être dits par la Constitution *irréversibles*. Mais ils ne le sont pas, et ils deviendront de plus en plus précaires tant que ne sera pas levé le verrou de la privatisation de la propriété, et reconnu le droit à la réciprocité.

La *limite absolue au profit* et l'*allocation universelle* sont comme le plancher et le toit de la maison commune dans laquelle le droit à la réciprocité permet à la société de produire les valeurs fondamentales de l'humanité : la liberté, la fraternité et l'égalité promises formellement par la Déclaration Universelle des Droits de l'Homme, et qui sont le moyen d'échapper à l'abîme auquel conduit le capitalisme.

5/ L'IMMINENCE DE LA SOCIÉTÉ POST-CAPITALISTE

Nous avons dit que la *valeur* naît de la réciprocité. La valeur éthique devient valeur économique grâce à la justice. L'échange trouve d'abord sa place comme auxiliaire de la réciprocité. Lorsqu'il devient autonome, il convertit la liberté selon la Loi en liberté souveraine, et motive une économie d'un type nouveau d'accumulation sans limite et une nouvelle conception du pouvoir, le pouvoir économique. Le libre-échange, qui exige la privatisation de la propriété, détériore sa nature en détruisant la réciprocité qui la fonde. La privatisation enraye l'économie dans un rapport de force : l'exploitation du travail humain qui suscite un pouvoir économique qui prend le dessus du pouvoir politique et impose à la production et à la consommation ses impératifs de croissance.

Nous avons dit que la critique marxiste n'a pas remis en cause la rationalité qu'invoquait le libre-échange face à la sujétion imposée par la réciprocité primitive. La génération qui vient s'inquiète donc de savoir si la transformation ou le dépassement du système capitaliste est encore possible ou à quel prix ? Mais elle sait que toute proposition qui ferait table rase du système capitaliste entraînerait un tel chaos dans la part d'humanité qui lui est soumise que l'humanité tout entière s'exposerait à un danger aussi mortel que celui qui se dessine actuellement à son horizon : alors pourquoi ne pas laisser aux générations futures le soin de résoudre la difficulté lorsqu'il n'existera plus aucun espoir ni répit ?

On peut répondre que cette vision des choses attribue au capitalisme ce qui appartient au capital de l'humanité, et nous avons vu que le Philosophe distingue celui-ci, que l'on peut appeler *patrimoine*, de celui qui est accumulé sous une forme de pouvoir de domination sur autrui. Nous avons vu que la limitation du profit, l'allocation universelle, la restitution de la propriété à qui de droit et déclarée inaliénable assureraient une transition qui n'implique pas que l'on fasse table rase du passé... mais important aussi est de montrer que le passage d'une société capitaliste à une société post-capitaliste est possible sans frais.

Il convient d'abord de faire l'état des lieux et de se rendre compte que la réciprocité empirique, une fois libérée des contraintes de l'imaginaire et des aliénations qui l'*ennoient*, comme dit Karl Polanyi, constitue un potentiel prodigieux. La volonté d'information peut libérer toutes ces forces paralysées par la jouissance passive d'une conscience endormie ou paresseuse. Si toutes les communautés du monde reconnaissaient la réciprocité de façon rationnelle, qui pourrait leur imposer l'esclavage, l'asservissement de la condition prolétaire ou une croissance aveuglée par le profit suicidaire ?

La société civile à l'intérieur même du système capitaliste est tout entière motivée par des activités de réciprocité, mais partielle ou empirique, qui mobilise néanmoins une part des potentialités humaines de chacun. Plus important encore, l'économie capitaliste ne peut survivre sans s'appuyer sur un appareil d'État qui lui assure le pouvoir, le commandement de la force et de la répression, alors que l'appareil en question est lui-même strictement régi par le principe de réciprocité. L'armée, la première, la force publique, puis l'administration ne répondent pas en interne à l'offre et la demande : leurs prestations et leurs statuts sont évalués en équivalents de réciprocité, et ne peuvent subir aucune altération par le libre-échange qui ne soit immédiatement dénoncée comme un dévoiement de leur raison d'être et sanctionnée par la loi ! Le capitalisme entend bien qu'il en soit toujours ainsi sous peine de se détruire lui-même, car le pouvoir militaire libéré de toute obligation sociale et politique menacerait d'être plus décisif que le pouvoir monétaire pour accéder directement au pouvoir.

C'est peut-être à une impasse de ce genre que conduit aujourd'hui l'affrontement du capitalisme national et du capitalisme international. Mais pourquoi le service public demeurerait-il rivé au diktat du capital dès lors qu'il pourrait devenir lui aussi conscient de la raison supérieure qui lui intime la reconnaissance du principe de réciprocité comme sa propre loi ? l'État, c'est le peuple, mais c'est aussi la Loi.

Enfin, grâce à l'informatique, chacun est théoriquement en position révolutionnaire où qu'il se trouve pour peu qu'il soit lucide et qu'il fasse l'effort d'interpréter sa situation non plus en termes d'intérêt pour lui mais en termes de réciprocité généralisée. Alors l'analyse de la situation n'est pas seulement motivée par la critique négative parce que celle-ci se double d'une critique positive.

La révolution sera certes douloureuse mais peut-être pas meurtrière. La fin du capitalisme n'est pas nécessairement programmée dans la violence bien qu'elle ne puisse pas ne pas endeuiller les actionnaires du capital. Pourtant, pour eux-mêmes, l'avenir n'est pas aussi sombre qu'il y paraît. Aussi mutilés soient-ils de la fonction symbolique, une fois libérés des chaînes du profit, de la névrose du pouvoir et des limites de la propriété privée, ils devraient recouvrer une dignité de citoyen à part entière.

Leur bonheur sera même accompagné du plaisir que leur procurera le soulagement d'une situation qu'ils savent combien elle peut les abandonner face à l'humanité, et devant la mort, dans un sentiment d'extrême dénuement. Aussi, les derniers des hommes peuvent être les premiers à vouloir faire face à la transition nécessaire à leur salut.

Beaucoup diront alors : « Mais la réciprocité, n'est-ce pas ce que nous pratiquons en tant que médecin, enseignant, dans le service public et dans nos commerces, comme dans notre production comme ouvrier ou chef d'entreprise ? ». Eh bien, dont acte : que ce ressort de la vie individuelle devienne celui de la vie publique !

La révolution est immanente, hors de l'emprise de tout parti ou de toute direction élitiste ou aristocratique : à la portée de chacun, en raison par la théorie de la réciprocité, en pratique par la révolution numérique. Chacun est en situation de changer les choses parce qu'il peut en un bref moment de réflexion modifier sa relation avec son prochain, et s'assurer qu'elle obéisse à l'une des structures de réciprocité fondamentales de la société au lieu d'obéir à une relation déterminée par son seul intérêt. Et le plus tôt vaudra le mieux.

On répondra que si c'était si simple, il y a longtemps que cette métamorphose eut été accomplie par la société contemporaine : mais ce n'est pas si simple ! Cette métamorphose n'a pas été possible tant que la connaissance de la nature n'a pu dépasser certaines limites. Il a fallu, comme nous l'avons rappelé ici, les découvertes conjuguées de la physique la plus récente et de la biologie pour que seulement de notre temps il soit possible de lever les obstacles épistémologiques que nous n'avons pas hésité a évoquer au début et au cours de cette analyse. La physique et la biologie ont déjà franchi ce seuil. La philosophie politique et les sciences humaines doivent à leur tour le dépasser.

Un *effort* est certes nécessaire pour prendre en compte ces bases épistémologiques nouvelles : ce sont elles qui sont la garantie que les déductions auxquelles nous avons accordé crédit sont fondées. La science désormais offre l'accès aux domaines réservés jadis à la conscience affective[14]. Dès lors, qui refusera de se donner les moyens d'être plus compétent pour explorer le domaine où il est permis de construire les valeurs universelles ? Reconnaître la logique de la conscience, et pas seulement celle de ses représentations, permet en effet de montrer que les structures sociales qui répondent au principe de réciprocité engendrent la *médiété* entre les partenaires de la réciprocité comme l'expression de l'*éthique,* le sentiment d'humanité.

La question qui peut encore paralyser aujourd'hui l'idée de changer le monde est « pour quoi faire ? ». Si l'on freine la dynamique de la vie qui assure la croissance, le progrès, le développement ou tout autre substantif de ce genre sur lequel chacun peut effectuer le transfert de son imaginaire, si l'on refuse que la raison soit mesurée par la physique et soumise à la seule jouissance du pouvoir, ne faut-il pas leur donner une autre finalité ?

Nous affirmons simplement que la réciprocité est la matrice de la conscience. Et si notre hypothèse est exacte, alors une révolution sans précédent est à portée de main : la maîtrise par la raison de la genèse des valeurs humaines.

C'est ici un seuil décisif pas seulement pour une génération mais pour l'évolution de l'Esprit. Si les

---

14. Cf. D. Temple, *"Un nouveau postulat pour la philosophie"* (2011), Collection *réciprocité,* n° 10, 2018.

productions artificielles des hommes forcent l'admiration, elles s'accompagnent d'une inquiétude devant leur extrême fragilité ; tandis que lorsque l'on contemple la nature, la sensation inverse s'impose : bien qu'elle apparaisse aujourd'hui démembrée et souillée, sa puissance de régénération transparaît sous sa défaite apparente : il ne faut qu'une année nouvelle pour que la végétation recouvre toutes ses ruines et fasse resplendir un manteau de fleurs.

On confond trop souvent aujourd'hui la catastrophe et la mort. La vie n'est pas en danger sur la planète du fait de la catastrophe. Celle-ci lui est au contraire utile. Elle fonctionne comme multiplicateur ou accélérateur de son dynamisme : elle précipite la fin des systèmes qui se complaisent dans leur jouissance et les empêchent de se différencier davantage. La catastrophe déchaîne la naissance de tous les possibles. On doit même admettre que la vie ose précipiter la mort et la domestiquer pour accélérer sa renaissance et se dépasser sans cesse. Si la mort est ainsi programmée par la vie, c'est parce que par définition la vie est immortelle. Ce n'est donc pas la vie qui est en danger sur la planète terre.

Est-ce alors seulement la conscience ? Si la conscience a, comme l'assure la philosophie et comme nous le percevons au cœur de toute réflexion sur nous-même, l'affectivité pour origine, les découvertes récentes de la science nous révèlent que la conscience est aussi indestructible que la vie : l'affectivité, en effet, n'est pas seulement éprouvée dans nos sensations, nos sentiments, nos réflexions, elle apparaît au cœur de la nature, diffuse dans le monde végétal, concentrée dans le mouvement de l'animalité, et sans doute assurant la cohérence que l'on attribue en propre à tout être singulier, fût-il aussi infime qu'un atome. Elle est aussi immortelle que la vie, et peut-être vaudrait-il mieux la dire éternelle puisqu'elle ne peut être définie ni par l'espace ni par le temps. Si donc la conscience peut mourir en l'homme, cela ne signifie pas que sa source soit tarie et qu'elle meure à jamais dans la nature qui bien au contraire ne saurait que lui offrir d'autres moyens de s'accomplir.

Il y a peu de temps encore la vie de l'homme était liée à celle du soleil pour des milliards d'années, mais en l'espace d'une génération cette espérance de vie s'est réduite à quelques centaines de milliers d'années, enfin elle est devenue une question plus qu'incertaine. Cette réduction fantastique de l'espérance de vie pour les générations à venir s'est accompagnée d'une profonde réflexion sur la responsabilité de l'homme vis-à-vis de lui-même et de la nature. Les chercheurs, les penseurs veulent trouver dans la nature les conditions objectives de la conscience et, à leur grande surprise, découvrent ses prémisses aussi bien dans les structures élémentaires de la matière psychique que dans les comportements sociaux des animaux.

Si, comme nous l'avons rappelé dans cet essai, l'affectivité est au cœur de tout phénomène de la nature, et qu'elle peut se révéler à elle-même dans la relation de réciprocité, la *matrice de la conscience* peut être reproduite en d'autres occasions que la société humaine puisqu'elle est inscrite comme un de ses devenirs irréductibles. Mais, alors, pourquoi pas à partir de l'humanité elle-même ? Si cette opportunité existe dans la nature, et qu'elle existe en particulier pour l'homme, pourquoi l'humanité ne la reconnaîtrait-elle pas ?

Dès lors, la société humaine peut apparaître comme l'une des opportunités qui aura permis à la conscience d'éprouver ses compétences et de reconnaître ses limites, les imperfections qui l'accompagnent ou la détériorent, bref ses impasses.

Cette spéculation philosophique n'est-elle qu'une projection métaphysique ? Non ! Le XXe siècle n'est pas si ancien que l'on ne puisse se souvenir de la tragédie à laquelle l'humanité tout entière a été confrontée ! La contradiction entre la conscience et la force est l'épreuve historique de notre génération. Le racisme s'est doublé de l'idée que le pouvoir pouvait s'affranchir de la conscience, et même la défier jusqu'à engager l'épreuve de force entre le déterminisme biologique et la conscience révélée : le crime contre l'humanité, l'antisémitisme.

Or, le pouvoir est plus que jamais omniprésent sans qu'aucune société ne parvienne à résoudre la question de savoir comment il peut se justifier devant la conscience.

Le sort de l'humanité demeure indécidé.

Imprimé à la demande par Lulu.com

Dépôt légal octobre 2018

Illustration de couverture : bas-relief de Luca Della Robbia

Platon et Aristote, ou la Philosophie (1437-1439)

Museo dell'Opera del Duomo, Florence